Inhalt

Wasserstoff- und Brennstoffzellentechnologie - Wie wettbewerbsfähig sind die Deutschen?

Kernthesen

Beitrag

Fallbeispiele

Zahlen und Fakten

Weiterführende Literatur

Impressum

Wasserstoff- und Brennstoffzellentechnol(- Wie wettbewerbsfähig sind die Deutschen?

Autor GENIOS BranchenWissen: A.Schneider

Kernthesen

- Bei der Forschung und Entwicklung gilt Deutschland als gut, bei der Entwicklung marktfähiger Produkte hapert es noch.
- Die frühesten Märkte für die Brennstoffzelle werden solche für portable Anwendungen sein (Kleingeneratoren, Taschenlampen, Energie für Laptops und andere mobile Elektronik).
- Es gibt wenige deutsche Hersteller von Brennstoffzellen, aber viele, die das System um die Zelle herum bauen, vor allem die

Automobilhersteller.
- Die Bundesregierung fördert die Wasserstoff- und Brennstoffzellentechnologie wieder stärker. In Europa liegen die Investitionen der Bundesregierung an der Spitze.

Beitrag

Zwar lässt das mit Wasserstoff betriebene Auto in Serie noch einige Jahre auf sich Warten, aber dennoch wird der Wasserstoff- und Brennstoffzellentechnologie eine wichtige Rolle in dem zukünftigen nachhaltigen Energieversorgungsszenario eingeräumt.

Die Wasserstoffwirtschaft hat Zukunft

Viel diskutiert wird derzeit, wie die Energieversorgung nachhaltig gesichert werden kann. Sympathisch wäre es vielen, wenn dies mit möglichst wenig Öl, Gas und Atomenergie geschehen könnte und sich die Energiewirtschaft zunehmend auf die erneuerbaren Energiequellen stützen ließe. Wasserstoff und Brennstoffzellen können in diesem Szenario eine wichtige Rolle spielen der Wasserstoff als Speicher-

und Transportmittel für Energie, die Brennstoffzelle als hocheffizienter Wandler und Wind, Sonne, Biomasse als erneuerbare Energien.

Nachdem Deutschland noch in den 80er Jahren Vorreiter in Sachen Wasserstoff und Brennstoffzelle in den vergangenen Jahren den Anschluss an die Weltspitze verloren hatte, zeichnet sich nun eine Trendwende ab. Deutschland hat den Anschluss an die Weltspitze wieder gefunden. Dies gab der Deutsche Wasserstoff- und Brennstoffzellenverband auf seiner letzten Jahrespressekonferenz bekannt. (1)

Ohnehin ist der Zug noch nicht abgefahren. Die Wasserstoffwirtschaft ist Zukunftsmusik. Nach einer Studie der Deutschen Shell ist zu erwarten, dass im Jahre 2050 etwa 50% der Weltenergieerzeugung aus erneuerbaren Quellen kommen werden. Davon wiederum werden 50% voraussichtlich in Wasserstoff umgewandelt werden, um zum Verbraucher zu kommen. (2) Eine Studie von Clean Edge, Inc. beziffert den Markt für Brennstoffzellen und Wasserstoff auf derzeit 1,4 Milliarden Euro (in 2006). In den nächsten zehn Jahren werde er auf 15,6 Milliarden Euro anwachsen. (3)

Wasserstoff und Brennstoffzelle:

Anwendungen, Vorteile, Probleme

Wasserstoff als Energieträger

Energie entsteht nicht immer dort, wo sie verbraucht wird. Meist muss sie transportiert werden. Sie wird auch nicht immer sofort verbraucht, wenn sie produziert wird. Sie muss gespeichert werden. Dies geschieht bekanntermaßen über Strom. Doch auch das Element Wasserstoff gibt einen fantastischen Energieträger ab. In ihm kann Energie gespeichert und transportiert werden. Er ist also, genau wie Strom, eine Sekundärenergie. Die Primärenergie kann erneuerbar sein oder auch herkömmlich. Er wird daher als optimale Brückentechnologie bezeichnet. Er ersetzt den Strom nicht, sondern ergänzt ihn. (4)

Wasserstoff wird im Wesentlichen in den folgenden Erscheinungsformen Verwendung finden: erstens als **Kraftstoff für das Auto**. Nahezu alle großen Fahrzeughersteller arbeiten daran, Autos künftig mit Wasserstoff fahren zu lassen. Schritt für Schritt wird ein deutsches Wasserstoff-Tankstellennetz aufgebaut, um die zukünftige Versorgung der Brennstoffzellen-Fahrzeuge zu gewährleisten. Bis zur Markteinführung werden rund 1 500 Wasserstofftankstellen benötigt. Es gibt bei der DASA auch das Projekt der Entwicklung eines

Passagierflugzeugs, das flüssigen Wasserstoff an Stelle von Kerosin als Treibstoff verwendet ("Cryoplane"). Zum Zweiten kann Wasserstoff als **Zwischenspeicher bei Windenergieanlagen** eingesetzt werden. In angebotsstarken und nachfragearmen Zeiten kann er zwischengespeichert werden und dazu beitragen, dass die Windenergie gleichmäßiger ins Netz eingespeist werden kann.Die Benefits von Wasserstoff sind reichhaltig. Er ist universell vorhanden, auf unterschiedlichste Weise herstellbar und unabhängig von fossilen Quellen. Er ist speicherfähig transportabel, nachhaltig, umweltfreundlich in der Verwendung und nicht gefährlicher als die bisherigen Verfahren. Er hat eine hohe Energiedichte, einen hohen Wirkungsgrad, altert nicht, entlädt sich nicht selbst und ist geräuscharm. Wasserstoff an sich und seine Verbrauchsrückstände sind weder explosiv noch selbstentzündlich oder giftig.

Brennstoffzellen als Energiewandler

Brennstoffzellen sind Energiewandler. Sie sind die optimale Methode, um die in Wasserstoff gespeicherte Energie wieder nutzbar zu machen. Sie werden heute als potenzialträchtige Schlüsseltechnologie gewertet. Es gibt bereits erste

Anwendungen für Nischenmärkte. Doch die meisten der viel versprechenden Brennstoffzellen-Anwendungen müssen in den nächsten Jahren erst noch zur Marktreife gebracht werden. (5)

Die industriellen Entwickler arbeiten im Wesentlichen an folgenden drei Entwicklungsrichtungen der Brennstoffzelle. Erstens können Brennstoffzellen die **portable Stromversorgung** sichern. Sie sind tragbar und bringen eine kleine Leistung bis rund 1 kW. Schon heute können sie eingesetzt werden als Kleingeneratoren für Wohnmobile, für entlegene Messstationen, Waldbrandwachstationen, Notrufsäulen, Parkscheinautomaten, Taschenlampen. Energie kann mitgenommen werden in den Garten oder zum Campen. Elektronikkonzerne arbeiten an Energieversorgungen für tragbare Computer oder andere elektronische Geräte (PDA, Telefon, Kreditkartenleser usw.). Bei der portablen Stromversorgung werden die frühesten Märkte gesehen.Zweitens gibt es zahlreiche **stationäre Anwendungen** wie beispielsweise für die Hausenergie. Denkbar sind Notstromaggregate oder Heizgeräte. Etwa ab 2010 erhältlich könnte das Kleinkraftwerk (1 bis 20 kW) für den Heizungskeller von Ein- und Mehrfamilienhäusern sein. Der Grundbedarf des Hauses wird heute meist mit Gas gedeckt. Dies könnte langfristig durch Wasserstoff geschehen. Auf der CeBIT in Hannover wurden Brennstoffzellen vorgestellt, die für unterbrechungsfreie Stromversorgung (USV) und als Notstromaggregate in der Leistungsklasse von 10 200 kW eingesetzt werden können. Mehr Leistung bringen Brennstoffzellen-Kraftwerke mit 200 kW und mehr. Drittens sind **mobile Anwendungen** möglich. Viele warten hier auf die Brennstoffzellen-Pkw, deren Entwicklung technisch schwierig und wirtschaftlich teuer ist. In Serie ist vor 2020 mit ihnen nicht zu rechnen. Etwas früher auf dem Markt erwartet werden Verteilerfahrzeuge, Bergwerksfahrzeuge, Motorroller oder Hilfsmotoren für Fahrräder.Heute schon funktioniert die Brennstoffzelle in großen Dimensionen: Raumstationen versorgt sie mit Strom, U-Boote und einige Stadtbusse treibt sie an. [6], [4], [7]

Die Brennstoffzelle bietet viele Vorteile. Sie hat einen hohen elektrischen Wirkungsgrad, ermöglicht je nach Einsatzzweck unterschiedliche Ausführungen, hat keine Emissionen außer Strom, Wasser und Wärme, ist lautlos und hat keine Vibrationen.

Wasserstoffgewinnung und Wasserstoffinfrastruktur derzeit noch problematisch

Leider steht Wasserstoff nicht einfach so zur Verfügung. Er kommt in der Natur kaum in reiner Form vor. Auf dem Weg der Elektrolyse muss er gewonnen werden. Genau hier setzt die Kritik am Wasserstoff an. Denn bei der Elektrolyse wird genau so viel Strom verbraucht wie die Brennstoffzelle später erzeugen kann. Solange die Kraftwerkstechnik auf konventionellen, fossilen Brennstoffen (z.B. Erdgas) basiert, ist also auch dieser Strom nicht wirklich umweltfreundlich und CO_2-neutral zu gewinnen. Wirklich umweltfreundlich wird die Wasserstoffgewinnung dann, wenn Wasserstoff per Elektrolyse aus Wasser gewonnen wird und den dazu nötigen Strom regenerative Energiequellen liefern.

Der derzeitige Energieträger Strom wird über Stromleitungen dorthin geliefert, wo er benötigt wird. Für Wasserstoff fehlt eine derartige Infrastruktur noch. Das macht den Einsatz in der Fläche schwierig. Wasserstoff muss mit speziellen Tanklastwagen transportiert werden. Hier soll icefuel Abhilfe schaffen. Im Mittelpunkt des vom Bundesministerium für Forschung und Bildung geförderten Projekts "icefuel" steht die Entwicklung eines innovativen Versorgungssystems, das den effizienten Transport und die problemlose Verteilung von flüssigtiefkaltem Wasserstoff (LH2) an unterschiedliche Endverbraucher wie Privathaushalte oder Unternehmen ermöglicht. [8]

Die Wasserstoffwirtschaft im internationalen Vergleich

Deutschland will Anschluss wieder finden

Bei der Forschung und Entwicklung gilt Deutschland als gut, bei der Entwicklung marktfähiger Produkte hapert es allerdings noch. Es gibt wenige deutsche Hersteller von Brennstoffzellen, aber viele, die das System um die Zelle herum bauen, also Autos, Heizungen etc. (4)

Die Bundesregierung will ab dem Jahr 2007 zehn Jahre lang jährlich 50 Millionen Euro in die Wasserstoff- und Brennstoffzellenforschung investieren. Die Automobil-, Mineralöl- und Anlagenindustrie stellt die gleiche Summe, also insgesamt 500 Millionen Euro, zur Verfügung.
Das Ziel der Bundesregierung ist, innerhalb der nächsten zehn Jahre die Marktschwelle bei Wasserstoff- und Brennstoffzellenanwendungen zu erreichen. Innerhalb Europas investiert die Bundesregierung damit am meisten in dieses Gebiet.

Außerdem beteiligt sich das Bundesministerium für Wirtschaft und Technologie (BMWi) seit November 2006 wieder am Hydrogen Implementation Agreement (HIA). Deutschland hatte sich vor Jahren wegen angeblich mangelnder Praxisrelevanz der Ergebnisse und zu geringen Interesses der Wirtschaft aus dem HIA zurückgezogen.

EU hinkt USA und Japan hinterher

Bisher gab die EU in einem fünfjährigen Rahmenprogramm für Wasserstoff und Brennstoffzellen mit 300 Millionen Euro etwa genau so viel an Fördermitteln aus wie die USA oder Japan in nur einem Jahr. Dies soll sich nun ändern. Für die Laufzeit des Ende 2006 verabschiedeten 7. Forschungs- und Entwicklungs-Rahmenprogramms (FP7) wird mit einer Verdoppelung des Mitteleinsatzes gerechnet.

USA und Japan führend

Die US-Regierung fördert die Wasserstoff- und Brennstoffzellentechnologie in gewaltigem Umfang. Für den Zeitraum 2006-2010 wurden 3,276 Milliarden US-Dollar zur Verfügung gestellt. Im Jahr 2004 waren es nur 155,8 Mio. US-Dollar.

Einige Bundesstaaten, besonders Kalifornien, sind aber dem Bund noch voraus.

Japanische Elektronikkonzerne sind führend bei der Entwicklung portabler und kleiner stationärer Brennstoffzellen, und die japanischen Autohersteller spielen eine wichtige Rolle im mobilen Sektor. Bis 2010, realistisch 2015, sollen 50 000 Autos mit Brennstoffzellenantrieb auf Japans Straßen rollen, bis 2020 gar fünf Millionen. In diesem Jahr fördert die Regierung die Brennstoffzellentechnik für den Einsatz in Autos oder Haushalten mit umgerechnet 200 Millionen Euro. (9)

China rüstet auf

Auch China setzt auf Wasserstoff. Bis zu den Olympischen Spielen im Jahr 2008 sollen in China 100 Brennstoffzellenautos fahren; bis zur Expo 2010 in Shanghai dann 1 000 und bis 2012 etwa 10 000. Shanghai plant deswegen bis 2010 die Errichtung von etwa 13 Wasserstofftankstellen, um alle Busse und Taxis betanken zu können. (7)

Fazit

Hält die derzeitige grüne Welle an, werden Produkte auf Basis von Wasserstoff und Brennstoffzelle in den nächsten Jahren nach und nach Einzug in unser Leben halten. Als Taschenlampe, als Akkuersatz beim Laptop, als Heizung des Hauses und schließlich und endlich beim Auto.

Fallbeispiele

Der Deutsche Wasserstoff- und Brennstoffzellenverband veröffentlicht in seinem Wasserstoff Spiegel regelmäßig aktuelle neue Anwendungen. Ein paar Beispiele:In München wurde kürzlich eine öffentliche **Wasserstofftankstelle** mitten in der Stadt, und zwar gleich um die Ecke vom Forschungs- und Ingenieurzentrum von BMW eröffnet. Sie ist in eine normale TOTAL-Tankstelle integriert. Der flüssige Wasserstoff kommt von der Linde AG, die auch die Tanktechnik entwickelt hat. Erstmalig wird der flüssige Wasserstoff in einem unterirdischen Tank gelagert. Der Wasserstoff kann an den Zapfsäulen flüssig getankt werden. Die Tankstelle ist sowohl für die Betankung von PKW als auch für die Betankung von Bussen mit flüssigem Wasserstoff ausgelegt. Zum Auftakt einer internationalen Energieeffizienzkonferenz in Berlin übernahm Bundesverkehrsminister Wolfgang Tiefensee ein **Brennstoffzellen-Fahrzeug** von DaimlerChrysler in den Fuhrpark seines Ministeriums. In Kürze wird dieser außerdem durch ein Wasserstofffahrzeug mit Verbrennungsmotor der Firma BMW aufgestockt.Die EU hat ein Projekt zur Entwicklung eines **von Brennstoffzellen angetriebenen Flugzeugs** gestartet. Nach den Plänen des auf drei Jahre angelegten und mit 4,5 Millionen Euro ausgestatteten Vorhabens soll bereits Ende 2009 eine zweisitzige Maschine zu einstündigen Flügen starten können. (10)

Zahlen & Fakten

- Nach einer Studie der Deutschen Shell ist zu erwarten, dass im Jahre 2050 etwa 50% der Weltenergieerzeugung aus erneuerbaren Quellen kommen werden. Davon wiederum werden 50% voraussichtlich in Wasserstoff umgewandelt werden, um zum Verbraucher zu kommen.

- Eine Studie von Clean Edge, Inc. beziffert den Markt für Brennstoffzellen und Wasserstoff auf derzeit 1,4 Milliarden Euro (in 2006). In den nächsten zehn Jahren werde er auf 15,6 Milliarden Euro anwachsen.

- Im Moment existieren auf der Welt 139 Tankstellen für Wasserstoff als Kraftstoff in verschiedenen Zuständen (weitere 98 geplant). Davon stehen 43 in Europa, und von diesen wiederum 20 in Deutschland. (1), (20)

- Die Bundesregierung will ab dem Jahr 2007 zehn Jahre lang jährlich 50 Millionen Euro in die Wasserstoff- und Brennstoffzellenforschung investieren. Die Automobil-, Mineralöl- und Anlagenindustrie stellt die gleiche Summe, also insgesamt 500 Millionen Euro, zur Verfügung.

- Die US-Regierung fördert die Wasserstoff- und Brennstoffzellentechnologie in gewaltigem Umfang. Für den Zeitraum 2006-2010 wurden 3,276 Milliarden US-Dollar zur Verfügung gestellt.

Weiterführende Literatur

(1) - BRENNSTOFFZELLEN Deutschland schließt wieder zur Weltspitze auf
aus Elektronikpraxis Nr. 07 vom 05.04.2007 Seite 130

(2) O.V., Deutscher Wasserstoff- und Brennstoffzellen-Verband e.V. (DWV), Wissen, Verwendung von Wasserstoff, www.dwv-info.de
aus Elektronikpraxis Nr. 07 vom 05.04.2007 Seite 130

(3) O.V., Viaspace chancenreich, Trading INSIDER, 03.05.2007
aus Elektronikpraxis Nr. 07 vom 05.04.2007 Seite 130

(4) Schmidtchen, Ulrich, Dr., Wasserstoff und Brennstoffzellen. Chancen und Grenzen, VWEW Energieverlag GmbH: www.vwew.de, Sonderdruck (NR. 6143) aus Jg. 106 (2007), Heft 1-2, S. 20-24
aus Elektronikpraxis Nr. 07 vom 05.04.2007 Seite 130

(5) Roßmann, Martin, Rittal GmbH & Co. KG, Herborn / Deutscher Wasserstoff- und Brennstoffzellen-Verband e.V. (DWV), Frühe Märkte und Produkte, Jahrespressekonferenz 22.02.2007
aus Elektronikpraxis Nr. 07 vom 05.04.2007 Seite 130

(6) Serie Alternative Antriebe (2/5): Die Brennstoffzelle Spätestens seit dem UN-Klimabericht ist klar: Auch beim Auto muss an der CO_2-Schraube gedreht werden. Doch wo liegen die Alternativen? Diese Serie beleuchtet das Potential von Hybridantrieb und Co.
aus MOTOR-INFORMATIONS-DIENST vom 27.April 2007

(7) O.V., Deutscher Wasserstoff- und Brennstoffzellen-Verband e.V. (DWV), Wasserstoff und Brennstoffzellen 2006, Bericht des Deutschen Wasserstoff- und Brennstoffzellen-Verbandes (DWV) anlässlich seiner Jahrespressekonferenz, 22.02.2007
aus MOTOR-INFORMATIONS-DIENST vom 27.April 2007

(8) TÜV SÜD ist Entwicklungspartner beim innovativen Projekt "icefuel"
aus Chemie.DE News

(9) Wasserstoff-Auto ist erst der Anfang
aus Handelsblatt Nr. 083 vom 30.04.07 Seite 6

(10) O.V., Deutscher Wasserstoff- und Brennstoffzellen-Verband e.V. (DWV), Wasserstoff Spiegel 2/2007, März/April 2007
aus Handelsblatt Nr. 083 vom 30.04.07 Seite 6

Impressum

Wasserstoff- und Brennstoffzellentechnologie - Wie wettbewerbsfähig sind die Deutschen?

Bibliografische Information der deutschen Nationalbibliothek

Die Deutsche Nationalbibliothek verzeichnet diese Publikation in der deutschen Nationalbibliografie; detaillierte bibliografische Daten sind im Internet über http://dnb.d-nb.de abrufbar.

ISBN: 978-3-7379-2342-2

© 2015 GBI-Genios Deutsche Wirtschaftsdatenbank GmbH, Freischützstraße 96, 81927 München, www.genios.de

Alle Rechte vorbehalten. Dieses Werk ist einschließlich aller seiner Teile – z.B. Texte, Tabellen und Grafiken - urheberrechtlich geschützt. Jede Verwertung außerhalb der Grenzen des Urheberrechtsgesetzes bedarf der vorherigen Zustimmung des Verlags. Dies gilt insbesondere auch für auszugsweise Nachdrucke, fotomechanische Vervielfältigungen (Fotokopie/Mikroskopie), Übersetzungen, Auswertungen durch Datenbanken oder ähnliche Einrichtungen und die Einspeicherung und Verarbeitung in elektronischen Systemen.